AF253494

LE NAUFRAGE

DE

L'EVENING STAR

ET LA

COLÈRE CÉLESTE EN AMÉRIQUE

Lettre au Révérend **CHARLES B. SMITH**, de l'Église presbytérienne d'Amérique.

L'homme n'est ni ange ni bête, et le malheur est que qui veut faire l'ange fait la bête.
PASCAL.

PARIS

ACHILLE FAURE, LIBRAIRE-ÉDITEUR

18, RUE DAUPHINE,

1866

Tous droits réservés

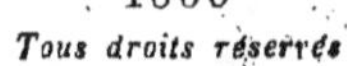

A MONSEIGNEUR DUPANLOUP

ÉVÊQUE D'ORLÉANS

Permettez-moi, Monseigneur, de vous offrir la dédicace de cette brochure, où vous reconnaîtrez avec plaisir, sans doute, que vos doctrines sur la colère céleste font école en Amérique.

LE NAUFRAGE

DE

L'EVENING STAR

ET LA COLÈRE CÉLESTE EN AMÉRIQUE

———

Au Révérend CHARLES B. SMITH, *de l'Église
presbytérienne d'Amérique*

MON DOUX RÉVÉREND,

J'éprouve l'irrésistible besoin de vous remercier
des réflexions qui vous ont été inspirées par le naufrage de l'*Evening Star*, où près de trois cents personnes, hommes, femmes, et enfants, ont péri dans
des conditions horribles.

Ce sinistre restera dans les mémoires comme
une des plus sombres et des plus lamentables tra-
gédies de la mer.

Ici l'épouvantable réalité dépasse ce que l'ima-
gination enfiévrée pourrait, dans un accès de
cauchemar, accumuler de scènes déchirantes et
lugubres.

C'est un vaisseau aux prises avec l'ouragan le plus furieux, par une nuit des plus obscures, luttant impuissant contre les éléments déchaînés qui le tordent, le brisent et finissent par l'émietter avant de l'engloutir.

Ce sont des femmes enfermées sous le pont avec leurs enfants, attendant la mort qui prend son temps et se fait désirer.

Sur le pont, le front pâle, les vêtements déchirés par la tempête, les pères, les maris, les frères des femmes et des enfants parqués au-dessous. Frappés de stupeur, ils attendent, cramponnés aux bastingages, un dénoûment prévu.

Le steamer sans mâts, sans gouvernail, à moitié submergé, tous ses feux éteints, court où l'entraîne le vent, évoluant effroyablement sur une chaîne de montagnes dont la cime bouillonnante se confond avec les nuages amoncelés comme une seconde mer aérienne.

A de courts intervalles, une de ces montagnes crève sur le flanc du navire, dont les côtes, en s'enfonçant, font entendre de sinistres craquements.

Des paquets d'eau écumeuse et phosphorescente, débris de la montagne, tombent avec fracas par toutes les issues dans les chambres, renversant tout sur leur passage, submergeant à moitié les femmes et les enfants.

Ceux-ci, saisis d'une indicible épouvante, versent des pleurs inutiles, crient et serrent à l'étrangler le col de leur mère à laquelle ils demandent de retourner à terre. La mère essaye un sourire navrant et veut rassurer l'innocent : « N'aie pas peur, mon ange : ce ne sera rien. »

Ah ! les déchirants regrets, les tortures sans nom, les vœux désespérés ! Comment la raison ne fait-elle pas place à la folie dans cette orgie de douleurs ? Quel tableau ! L'enfer lui-même, décrit par les théologiens affolés de l'an 1000, effrayés de la mort, plus effrayés encore de la résurrection, offre-t-il rien de plus calamiteux ?

Enfin voici le moment suprême où le navire, cédant aux assauts de l'ouragan, va creuser, en s'engloutissant, une fosse commune aux martyrs qui le montent.

Pas encore ! La mort, en mer, a de subtils raffinements de cruauté, en mêlant jusqu'au bout l'espérance à d'inévitables périls.

En effet, chaque seconde, en apportant une terreur nouvelle dans ces âmes ivres de poignantes émotions, leur apporte aussi une espérance. Le temps peut changer ! Un navire sauveur va peut-être se montrer ! On est si près de terre !...

Cependant le temps reste le même, et à l'horrible concert des éléments s'ajoutent, comme un chœur de trépassés, les voix sourdes et lointaines des femmes et des enfants priant, pleurant, criant, appelant à eux ceux qui leur sont chers pour s'échapper ou mourir ensemble.

Quel poëte, quel musicien pourra jamais donner l'idée des sons discordants de la tempête? Il y a là des instruments invisibles qui tonnent, sifflent, hurlent, gémissent en parcourant avec une rapidité fantastique des gammes inconnues. On dirait une armée de génies malfaisants.

Dieu soit loué! Une lame, une mer, s'est soulevée violente comme une irruption, et prenant en flanc ce débris de steamer, l'a lancé avec une vitesse de chemin de fer dans le lit immense d'une liquide vallée. Le navire, comme s'il fût animé et ne voulût pas mourir, fait un dernier effort pour suivre le mouvement de la lame, qui convertit en un instant la vallée en montagne; mais il est vaincu et il coule écrasé en tournant sur lui-même.

Ce n'est là que le premier acte du drame.

Nous allons assister à des épisodes qu'un Néron ou un Caligula, voire même un inquisiteur, n'aurait pas pu contempler sans demander grâce pour les victimes.

Je laisse la parole à M. Harris, un des rares survivants de cette navrante catastrophe :

« Des hommes et des femmes flottaient çà et là, s'accrochant à tout ce qu'ils pouvaient saisir. Les cris se perdaient dans les hurlements du vent. Je saisis une épave, mais je dus la lâcher pour ne pas être broyé par les débris mouvants. Un instant après, un morceau de la cabine passa; je m'y hissai, mais j'en fus arraché dix fois, et la ressaisis de nouveau, déchirant mes mains et mes membres aux fragments aigus. Je luttai ainsi deux ou trois heures. De mon promontoire flottant, je pouvais par moments voir toute la scène. Je vis une sorte de plate-forme, formée d'une partie du pont rompu, sur laquelle étaient entassées plus de cent créatures se tordant dans toutes les attitudes du désespoir.

« Une embarcation la quille en l'air m'apparut à quelque distance; je quittai mon asile et la poursuivis à la nage. Je l'atteignis; plusieurs personnes s'y tenaient attachées, entre autres le comptable Allen. Nous la retournâmes et y entrâmes. Nous étions dix. Ne pouvant pas la manœuvrer, nous passâmes tout le jour sur le lieu du naufrage. Le soir, nous le perdîmes de vue.

« Nous étions restés de longues heures plongés dans l'eau de mer; la soif commença à nous tourmenter. Quelques-uns burent de l'eau salée, mais n'en devinrent que plus altérés; d'autres burent de leur urine, et en obtinrent quelque soulagement. Un homme passa près de nous accroché à un aviron; nous le prîmes à bord, et nous eûmes un moyen de nous gouverner. A huit heures du soir, nous rencontrâmes l'autre embarcation, dans laquelle étaient le second lieutenant avec neuf hommes.

« Pendant la nuit nous nous perdîmes de vue, et dans la matinée du 5, nous fûmes recueillis par le brick norvégien *Fleetwing*.

« Pendant que nous étions dans l'embarcation, une jeune femme, *une Française*, âgée de dix-huit ans environ, s'est accrochée aux rebords et y est restée pendant plusieurs heures. Trois fois nous avons chaviré, et trois fois elle a ressaisi le bateau. A la quatrième fois, elle était trop faible et elle a disparu. Nous étions trop épuisés nous-mêmes pour l'assister. Tous nous étions plus ou moins blessés, et l'eau de mer rendait nos blessures horriblement douloureuses... »

Je sens mon cœur défaillir à cette lecture, moi qui sais ce qu'est une tempête et qui me suis trouvé dans deux naufrages. Mais il faut se faire violence pour lire encore les lignes suivantes, dictées par le dix-septième et dernier des survivants de ce naufrage, M. Gueldsby :

« J'ai pu prendre terre sur un point du rivage de la Floride nommé Mayport Mills, après avoir quitté le lieu du naufrage sur une frêle embarcation pleine de femmes. Toutes ont péri avant d'avoir revu la terre, toutes moins deux qui sont arrivées pour mourir en vue du rivage, à deux pas du salut, au moment de débarquer. Ces deux malheureuses,

Annic, de Rhod-Island, et Rosa Howard, de New-York, étaient devenues folles de désespoir, de faim, d'épouvante. Elles sont tombées ou se sont jetées à la mer; l'une d'elles a été dévorée par les requins. »

Est-il, je le demande, parmi les hommes les plus pervers, les monstres de méchanceté, un cœur qui ne fût ému à la vue de semblables malheurs et ne les conjurât, si cela était en son pouvoir? Eh bien, ces scènes horribles seraient, suivant vous, mon doux Révérend, non point le fait du vent et du soulèvement de la mer, qui sont des phénomènes naturels très-explicables, mais le résultat de la colère du bon Dieu; mon Dieu, oui, du bon Dieu.

Voici en quels termes, qui n'appartiennent qu'aux gens d'Église convaincus, — je suis heureux de vous faire ce compliment, mon doux Révérend, — vous nous faites part de cette étonnante nouvelle :

« Quand Sodome et Gomorrhe ont été consumées, s'il y avait eu un nombre proportionnel de justes dans ces villes, Dieu les aurait épargnées. Et qui peut dire que la clémence de Dieu ne se serait pas pareillement exercée envers le fatal *Evening Star*, s'il y avait eu à bord assez de justes pour détourner sa colère! Il est douloureux de penser aux femmes abandonnées, à la compagnie du cirque, à la troupe d'opéra, toutes personnes notées pour leur oubli de la religion et leur habitude du péché, engouffrées soudainement et envoyées devant leur juge le front chargé de leurs fautes.... »

Ces paroles, mon doux Révérend, ne seront pas perdues pour les consciences, et forment un *post-scriptum* très-original à la dernière lettre pastorale de Mgr Dupanloup, évêque d'Orléans, dans laquelle, vous le savez, Sa Grandeur n'hésite pas à attribuer le débordement de nos fleuves à la colère de l'Éternel, le Dieu vengeur de l'Ancien Testament.

Si, en votre qualité de presbytérien, vous rejetez l'autorité du pape, repoussez avec indignation certains dogmes de l'Église catholique, et tenez en médiocre estime Mgr Dupanloup, qui vous considère, lui, comme un suppôt de Satan, vous êtes du moins d'accord ensemble pour reconnaître que Dieu, afin de se venger des hommes dont il a à se plaindre, accable indistinctement les innocents et les coupables, quand, comme dans Sodome et Gomorrhe, le nombre des justes n'équivaut pas à celui des pécheurs.

C'est bien quelque chose, il me semble, mon doux Révérend, de vous entendre sur ce point capital avec un des prélats les plus éloquents de l'é-français.

Si seulement vous vouliez reconnaître les autorités ecclésiastiques de la vraie religion! Et qui sait? On change souvent de religion en Amérique, et je ne perds pas espoir de vous voir rentrer dans le droit chemin.

Car vous avez du bon, mon doux Révérend, et il est presque heureux que dans l'*Evening Star* le nombre des justes n'ait pas égalé celui des pécheurs. Voici : sans ce défaut de proportion, vous l'avez dit, la clémence du ciel aurait pu s'étendre sur ces malheureux, l'*Evening Star* n'aurait pas coulé, et nous n'aurions pas eu votre petite lettre pastorale.

Heureusement, Dieu, qui a la prescience, savait de toute éternité qu'un jour on fabriquerait un bateau à vapeur, que ce bateau à vapeur porterait des écuyers et des chanteurs d'opéra, que le nombre des justes sur ce navire n'égalerait pas celui des pécheurs, qu'il s'en irriterait fort, ferait noyer tous les voyageurs moins dix-sept, parmi lesquels une demi-douzaine de matelots ; enfin, qu'à la suite de ce désastre vous publieriez vos réflexions, qui sont une véritable prophétie, c'est-à-dire un miracle de plus (1).

---

(1) Lorsque Dieu fait un miracle, et qu'il n'agit point en conséquence des lois générales qui nous sont connues, je prétends ou que Dieu agit en conséquence d'autres lois générales qui nous sont inconnues, ou que ce qu'il fait alors, il y est déterminé par certaines circonstances qu'il a eues en vue de toute éternité, en formant cet acte simple, solennel, invariable, qui

En effet, mon doux Révérend, il faut que vous soyez bien sûr d'être en cette circonstance l'agent de Jéhovah, pour aggraver, comme vous l'avez fait, la douleur des membres de la famille des survivants, en essayant de jeter sur les victimes une flétrissure morale.

Un simple laïque, pourvu qu'il fût honnête homme, n'y eût jamais consenti.

Il est vrai qu'on ne saurait comparer les convenances sociales et le respect humain aux grands intérêts du ciel que vous avez mission de sauvegarder.

Ainsi donc, mon doux Révérend, si vous ne vous déclarez pas prophète, c'est-à-dire si vous n'avouez pas hautement que vos paroles sont un écho de la parole de l'Éternel, je tiens que c'est par pur sentiment de modestie, cette aimable qualité chrétienne commune à tous les dignitaires de la chrétienté, comme chacun sait.

Car, enfin, ce n'est pas la première fois que des écuyers et des artistes d'opéra traversent les mers, et tous ceux qui l'ont traversée n'ont pas fait naufrage.

Et puis, pensez-vous que les matelots de l'*Eve-*

renferme et les lois générales de sa providence ordinaire, et encore les exceptions de ces mêmes lois.

Malebranche.

ning Star heureusement sauvés sont moins oublieux de la religion que cette malheureuse jeune fille qui quatre fois revient à la chaloupe montée par M. Harris, s'y tient accrochée pendant plusieurs heures, et finit par succomber de lassitude, sans que personne se sente la force de lui tendre la main?

Il faut être logique, mon doux Révérend, et répéter avec Bossuet que « Dieu lui-même a besoin d'avoir raison. » Or, si sa clémence s'est étendue sur des matelots et que sa colère soit restée inflexible devant les efforts désespérés de cette Française de dix-huit ans, c'est assurément que les matelots étaient plus justes que l'infortunée jeune fille.

Néanmoins, je suis à me demander de quel crime indigne d'aucune pitié a pu se rendre coupable une enfant de dix-huit ans, fût-elle écuyère ou chanteuse? Cela tendrait à nous faire croire que les matelots sont de beaucoup moins grands pécheurs que les jeunes filles, ce qui jusqu'à présent n'avait pas été admis généralement.

Ce qui me porte à penser que vous avez le don de prophétie, mon doux Révérend, et que l'idée d'attribuer à la colère de Jéhovah le naufrage de l'*Evening Star* ne vous serait pas venue si vous n'en aviez été informé par l'Éternel lui-même, c'est que l'histoire de tous les peuples est remplie de catastrophes de toutes sortes attribuées à des effets naturels.

Il y a donc des événements produits par des causes naturelles et des événements qui n'ont d'autre cause que la colère du Créateur.

Par exemple, pendant mon séjour aux États-Unis, un temple presbytérien s'est écroulé au moment même où les fidèles serviteurs du Très-Haut étaient assemblés pour le prier et contribuer à sa gloire, comme on dit. Tous furent écrasés sous les décombres, y compris le révérend. Dans ce cas, n'est-ce pas, mon doux Révérend, l'accident ne peut être imputé qu'à la construction vicieuse du temple? Il est vrai que si l'on consultait sur ce fait Mgr Dupanloup, il répondrait probablement que la construction vicieuse du temple presby-térien n'a été pour rien dans cet événement qui est tout entier l'expression de la colère de l'Éternel contre d'abominables hérétiques. Oui, mais que dirait Mgr Dupanloup, consulté de nou-veau sur la catastrophe plus épouvantable encore arrivée, il y a trois ans, dans une église catholique de Santiago, au Chili, où trois mille dévots furent brûlés vivants? A son tour, il répondrait, sans doute, que ce grand malheur ne doit être attribué qu'aux effets naturels de l'élément destructeur, le-quel brûle indifféremment toutes les matières com-bustibles, y compris la chair des fidèles, et que la colère de Dieu n'y est pour rien. Bravo! mais ce serait à votre tour, mon doux Révérend, à vous récrier contre une semblable interprétation et à assurer, l'Évangile en main, que cet incendie est un nouveau châtiment infligé par le Très-Haut à ceux qui, d'après vous, sont des chrétiens dévoyés.

Tout cela est fort embarrassant, quand on n'est ni prélat catholique comme Mgr d'Orléans, ni révérend presbytérien d'Amérique comme vous, mon doux Révérend.

Sans compter que, de leur côté, les Turcs, ces mécréants, remercient chaque jour Allah, le seul vrai Dieu, selon eux, d'avoir favorisé les armes ottomanes contre celles des chrétiens à la conquête de la Terre Sainte restée, comme personne ne l'ignore, aux mains des Turcs.

Je sais ce que vous allez me répondre.

— Eh quoi! me direz-vous, êtes-vous donc sans foi pour nier que Dieu se mette en colère et que du haut des cieux il déchaîne les calamités sur les ennemis de sa gloire? Si, en ma qualité de presbytérien, je ne puis admettre que des peines éternelles, c'est-à-dire des millions de milliards d'années, multipliées sans cesse par elles-mêmes, de tortures inouïes, sans trêve ni merci, soient infligées par le Seigneur infiniment miséricordieux au gourmet qui au lieu de beurre aurait mis de la graisse dans ses aliments un vendredi et serait mort sans se repentir de cette faute, j'ai, du moins, comme c'est mon devoir, une foi sans bornes dans les récits de la Bible. Toutes les sentimentaleries des philosophes, qui ne sont ni juifs, ni catholiques, ni presbytériens, ni même païens, ne parviendront pas à nous représenter le souverain Maître du monde comme toujours bon, toujours indulgent et inondé de grâces et d'amour. Non, ce n'est point là le vrai Jéhovah, le Jéhovah de l'Écriture; écoutez et méditez:

« L'Éternel se nomme le Dieu jaloux; c'est le Dieu fort qui est jaloux. » (*Exode*, ch. XXXIV, v. 13 et 14.)

Ainsi a dit l'Éternel : « Que chacun mette son épée à son côté, passez et repassez de porte en porte par le camp, et que chacun de vous tue son frère, son ami et son voisin. » Et les enfants de Lévi firent ce que Moïse leur avait dit, et, en ce jour-là, il y eut environ trois mille hommes du peuple qui périrent. Car Moïse avait dit : « Consacrez aujourd'hui vos mains à l'Éternel, chacun de vous, même en tuant son fils et son frère, afin qu'aujourd'hui vous attiriez sur vous la bénédiction. » (*Exode*, ch. XXXII, v. 27, 28 et 29.) Puis : « Je marcherai contre vous en ma fureur, et je vous châtierai sept fois autant, selon vos péchés. Vous mangerez la chair de vos fils et la chair de vos filles; et je détruirai vos hauts lieux, et je ruinerai vos tabernacles, et je mettrai vos cadavres sur les cadavres de vos dieux infâmes, et mon âme vous aura en aversion. Et je vous disperserai parmi les nations; je dégaînerai l'épée après vous, et votre pays sera en désolation, et vos villes en désert, etc. » (*Lévitique*, ch. XXIV, v. 28, 29, 30, 33.)

Hacan, fils de Zara, s'est approprié du butin au sac de Jéricho, où, selon l'ordre du Très-Haut, tout devait être anéanti, hommes et femmes. Hacan est convaincu de cette désobéissance. Alors Josué, et tout Israël avec lui, ayant pris Hacan, fils de Zara, et l'argent, et la robe, et le lingot d'or, et ses fils, et ses filles, et ses bœufs, et ses ânes, et ses brebis, et sa tente, et tout ce qui était à lui, les fit venir en la vallée de Hacor. Et Josué dit : « Pourquoi nous as-tu troublés? L'Éternel te troublera aujourd'hui. » Et tous les Israélites l'assommèrent de pierres. Et ils dressèrent sur lui un grand monceau de pierres qui dure jusqu'à ce jour. Et l'Éternel revint de l'ardeur de sa colère. (*Josué*, ch. VII, v. 24, 25 et 26.)

Cependant la vengeance de l'Éternel ne se trouve pas encore satisfaite, et il rend son peuple favori, le peuple d'Israël, responsable de la désobéissance d'Hacan. A cet effet, il laisse battre les Israélites par les gens de Haï; et des milliers d'innocents périrent.

Ramasser du bois le jour du sabbat, pour en faire un fagot, est une infraction qui mérite la mort à coups de pierres. (*Nombres*, ch. XV, v. 32, 33, 34, 35, 36.)

— Est-ce assez, mon doux Révérend? Je vous demande grâce.

— Non, monsieur, et il faut que vous sachiez bien que nous, les pasteurs d'un troupeau de brebis où l'épizootie spirituelle fait, hélas! de si nombreux ravages, quand nous affirmons qu'il faut attribuer les débordements des fleuves et les naufrages non à l'absence d'endiguement ni à la tempête, mais à la vengeance céleste, nous y sommes suffisamment autorisés. Donc je continue mes citations.

Jéhovah ne se borne pas à ordonner des massacres, il combat de sa propre main, en jetant de son céleste séjour des pavés sur ses ennemis.

« Et, comme ils s'enfuyaient de devant Israël et qu'ils étaient à la descente de Beth-Horon, l'Éternel jeta des cieux de grosses pierres jusqu'à Hazaka, et ils en moururent. Il y en eut plus de ceux qui moururent de la grêle de pierres que de ceux que les enfants d'Israël tuèrent avec l'épée. » (*Josué*, ch. X, v. 10 et 11.)

Jéhovah menace de mort jusqu'à ses prophètes : « Or il arriva que, comme Moïse était sur le chemin dans une hôtellerie, l'Éternel le rencontra et chercha à le faire mourir. » (*Exode*, ch. IV, v. 24.)

Quelquefois pourtant, l'Éternel se repent de ses colères. L'Éternel dit à Moïse : « J'ai regardé ce peuple, voici : c'est un peuple d'un cou roide. Or, maintenant laisse-moi faire, et ma colère s'allumera contre eux, et je les consumerai ; mais je te ferai devenir une grande nation. » (*Exode*, ch. XXXII, v. 9 et 10.) Moïse, qu'on ne saurait accuser de pusillanimité, trouve néanmoins les projets de Jéhovah trop sévères et parvient à l'en faire se repentir :

« O Éternel ! pourquoi ta colère s'allumerait-elle contre ton peuple, que tu as retiré du pays de l'Égypte avec une grande puissance et par une main forte ? Pourquoi les Égyptiens diraient-ils : Il les a retirés à mauvais dessein pour les tuer dans les montagnes et pour les consumer de dessus la terre ? Reviens de l'ardeur de ta colère et te repens de ce mal que tu veux faire à ton peuple. Souviens-toi d'Abraham, d'Isaac, etc. » Alors l'Éternel se repentit du mal qu'il avait dit qu'il ferait à son peuple. (*Exode*, ch. XXX, v. 11, 12, 13 et 14.)

Étes-vous enfin convaincu, monsieur, d'après ces terribles exemples de la fureur du Très-Haut, que le naufrage de l'*Evening Star* et les débordements de la Loire sont dus à la vengeance du ciel, ou faut-il vous faire de nouvelles citations pour vous persuader ?

—Mon doux Révérend, veuillez excuser mon igno-
rance. Je ne suis ni évêque catholique ni révérend
presbytérien, et je ne puis juger qu'avec le simple
bon sens, une qualité bien insuffisante lorsqu'il
s'agit de discuter théologie. Cependant je ne puis
raisonner qu'avec ma raison, et plus vous me cite-
rez de textes pour me prouver que le Créateur se
venge sur ses créatures, afin de les punir de n'être
pas meilleures qu'il les a faites, plus ma pauvre
cervelle se trouble ; moins aussi je comprends l'in-
finitude de l'Éternel.

Les grands théologiens de l'Église chrétienne
avaient, vous ne sauriez le nier, mis la philosophie
sur une tout autre voie que celle qu'on pourrait
déduire de la Bible : « A force de vouloir Dieu parfait et immuable, dit Jules Simon, ils ne savaient
plus comment l'abaisser au rôle de Providence. »
Et il faut bien croire que Dieu, il y a mille huit
cent soixante-six ans, a voulu abroger les lois qu'il
avait dictées aux prophètes israélites, puisqu'il
s'est détaché de lui-même sous la forme de son fils
pour établir la loi d'amour. A votre tour, écoutez
le divin moraliste, mon doux Révérend.

« Vous avez entendu qu'il a été dit : Œil pour
« œil, et dent pour dent. Mais moi je vous dis de ne
« pas résister à celui qui vous a fait du mal ; mais si
« quelqu'un vous frappe à la joue droite, présentez-
« lui aussi l'autre. » (Saint Matthieu, V, 3, 8 et 39.)

Comment croire que Dieu soit venu sur la terre prêcher une semblable maxime qui semble pousser le pardon des offenses jusqu'à encourager les offenseurs, pour qu'ensuite, du haut des cieux, il fasse sombrer un steamer par le motif qu'il se trouve à bord des écuyers et des chanteuses d'opéra ?

Dieu n'est pas contraire à la raison, mon doux Révérend, il lui est seulement supérieur; or, vous le rendez contraire à la raison.

S'il m'était permis d'avoir une opinion sur un sujet dont vous et vos pareils semblez avoir le monopole, je vous dirais en toute franchise que le dieu de votre naufrage et du débordement de nos fleuves ressemble beaucoup trop à un despote terrestre de la plus détestable espèce pour être le vrai Dieu, celui qui ne serait pas, s'il n'était infiniment bon, infiniment puissant, infiniment parfait.

Il y a des choses incompréhensibles et il y en a d'impossibles. L'esprit a conscience de l'infini, quoiqu'il ne le comprenne pas; en conséquence, il admet un être infini. Mais dès que cet être nous est représenté comme agissant par caprice, s'amusant à nous confondre, comme dit *le Monde* (1),

(1) *Le Monde*, journal du ciel, gourmandait, il y a peu de jours, les savants en ces termes :

« Ah ! nous concevrions vos colères, vos sarcasmes, si vous

à soulever nos fleuves de temps à autre, comme l'écrit Mgr Dupanloup, à sacrifier quelques stea-mers en haine des spectacles et des acteurs, alors, mon doux Révérend, nous osons penser que c'est impossible.

J'oserai affirmer aussi que Dieu n'est pas à la

pouviez quelque chose. Votre orgueil aurait au moins une rai-son d'être ; mais, depuis vingt ans, toute votre science, vos lumières, vos progrès, échouent devant une misérable pomme de terre. On dirait que Dieu s'amuse à vous confondre. »

Dieu s'amuse ! « Il n'y avait, s'écrie Louis Jourdan dans *le Siècle*, qu'un journal dévot, un journal en communication directe et constante avec le ciel qui pût nous apprendre une nouvelle de cette importance : Dieu s'amuse ! » Et, après quelques développements : « Mais, voyons, reprend Louis Jourdan, raisonnons un peu, si toutefois il est possible de raisonner avec des gens qui ont des arguments de cette force à leur disposition. Pourquoi Dieu s'amuserait-il à nous con-fondre ? Supposez le plus grand esprit, la plus vaste intelli-gence que nous puissions imaginer, un Newton doublé d'un Pascal et d'un Voltaire ; quel plaisir cet homme si supérieur aux autres hommes pourrait-il trouver à confondre un pauvre paysan ignorant ? Et non-seulement à le confondre par la puis-sance de l'argumentation, mais aussi à le confondre en lui faisant tout le mal imaginable ? Cet homme serait évidem-ment un monstre. Le Dieu que l'on nous représente aujour-d'hui s'amusant à confondre la race humaine et lui envoyant des fléaux épouvantables, — toujours pour s'amuser, — serait bien autrement monstrueux encore, il serait le génie du mal... Il nous paraît regrettable que l'on pervertisse ainsi le sens de certains lecteurs en imaginant un Dieu de fantaisie, un Dieu méchant, colère, vindicatif, prenant plaisir à faire le mal, à tourmenter de pauvres diables pour qui la vie est déjà un fardeau assez lourd. »

fois bon et méchant, juste et injuste, implacable et miséricordieux, adorable et détestable, le père du monde et son persécuteur.

On nous a dit si souvent, du haut de toutes les chaires de la chrétienté, que notre raison est trompeuse, que vous me permettrez, mon doux Révérend, de douter de la vôtre.

Votre système d'attribuer à Dieu les accidents naturels dont les hommes sont victimes nous conduirait infailliblement au fatalisme et à la puérilité. Des naufrages et des inondations, nous serions entraînés par la logique à attribuer aussi à l'Éternel jusqu'à nos plus petites misères, un mal de dent, un saignement de nez.

D'un autre côté, n'est-ce pas prêcher le fatalisme de dire que si les justes se trouvent, par hasard, mêlés à des pécheurs, ils pourront être victimes de la colère de Dieu, lequel frappe tout le monde indistinctement, suivant sa fantaisie ?

Comment ne vous êtes-vous pas aperçu, mon doux Révérend, qu'en nous représentant l'Éternel jetant des pierres aux gens, presque constamment furieux, se repentant, frappant par boutades, en un mot chargé des attributs de notre pauvre espèce, vous aboutissez à l'idée païenne d'un Dieu semblable à nous ?

Combien Malebranche nous donne une idée plus grande de l'Éternel lorsqu'il dit :

« Pour juger dignement Dieu, il ne faut lui attribuer que des attributs incompréhensibles. Cela est évident, puisque Dieu c'est l'infini en tous sens, que rien de fini ne lui convient, et que tout ce qui est infini en tous sens est en toutes manières incompréhensible à l'esprit humain. »

De son côté, Pascal l'affirme :

« S'il y a un Dieu, il est infiniment incompréhensible, n'ayant ni parties, ni bornes, il n'a nul rapport avec nous. »

Il faut savoir écarter ce qu'on ne saurait résoudre, mon doux Révérend, et le rôle que vous avez pris d'interprète des sentiments de Dieu me paraît singulièrement téméraire.

Dieu est une perfection difficile à expliquer, il faut bien l'avouer, puisque le mal existe et que Dieu est le créateur de toutes choses ; mais ce soin appartient aux métaphysiciens, qui sont les théoriciens de l'univers. Vous, mon doux Révérend, vous ne visez pas à ces hauteurs, et vous devez avoir, pour principal souci, de mettre en œuvre les préceptes de l'Évangile, de pratiquer les vertus chrétiennes, en tête desquelles se place la charité.

Je veux aujourd'hui vous ouvrir mon cœur. Moquez-vous de moi tant qu'il vous plaira, traitez-moi même de philosophe, si vous le voulez : je suis résigné à tout, pourvu que je vous dise ma façon de penser, nettement, franchement, comme il convient à un modeste laïque tel que moi.

Eh bien, à mon sens, la religion doit être une espérance et une consolation, plus encore qu'un objet de terreur.

Vous riez ; n'importe, je continuerai.

Je crois qu'enseigner à aimer Dieu vaut mieux qu'enseigner à le craindre.

La crainte est mauvaise conseillère.

En tous cas, la crainte amoindrit l'âme ; la confiance et l'amour l'agrandissent et l'élèvent, au contraire.

En apprenant à aimer l'auteur de toutes choses, si cet amour est bien dirigé, on apprend du même coup à aimer son prochain, l'homme fait à l'image de Dieu.

« Aimez et faites ce que vous voudrez, » disait saint Augustin.

« Il lui sera beaucoup pardonné, parce qu'elle a beaucoup aimé, » enseigne le Divin Maître.

Quels sont les bons résultats obtenus par le despotisme et la violence ? Je n'en connais pas un seul.

« Les hommes, dit le même saint Augustin, cité par Bourdaloue, ont gémi sous les lois de travail, de peine, de crainte ; mais leurs gémissements, leurs peines, leurs craintes n'ont pu leur faire aimer ce qu'ils pratiquaient ; au lieu que les chrétiens ont trouvé, dans la loi de grâce, un goût qui la leur rend aimable et une onction qui la leur fait observer avec plaisir. Les hommes intéressés et avares craignaient un Dieu vengeur de leur convoitise ; mais malgré cette crainte, ils ne laissaient pas de commettre les plus injustes violences, de ravir le bien d'autrui ou, du moins, de le désirer ; au lieu que dans la loi nouvelle, ils se sont attachés amoureusement à un Dieu pauvre, et, par amour pour lui, bien loin d'enlever des biens qui ne leur appartenaient pas, ils ont donné leurs biens propres et se sont volontairement dépouillés de toutes choses. »

Comment, je vous le demande, nous ferez-vous aimer Dieu, si vous lui attribuez le mal qui nous accable ?

Vous vous y prenez mal, mon doux Révérend, pour gagner des âmes au ciel et conserver ici-bas le prestige de votre caractère sacré.

Faites-nous croire plutôt que le mal ne vient pas de Dieu, que d'une perfection il ne saurait rien émaner de cruel et d'injuste.

Dites-nous, pour stimuler notre zèle au bien, que le mal vient des hommes, de leur malignité ou de leur imprévoyance.

Poussez l'optimisme, si vous le voulez, jusqu'à nous prêcher que le mal est nécessaire pour produire un plus grand bien. Ces généreux et consolants paradoxes vous feront aimer et respecter ;

car c'est un fait que, par une grâce spéciale, ceux qui consacrent leur vie à nous apprendre l'amour de Dieu sont eux-mêmes, suivant l'heureuse expression de l'auteur de *la Religion naturelle*, les plus dignes d'amour et les plus aimés parmi les hommes.

Croyez-le bien, c'est de l'amour et non point de la peur que découlent les bons sentiments.

Le Divin Maître le savait bien, lui qui prêcha l'amour pour tous et tous pour l'amour.

Il y avait des esclaves qui gémissaient, des riches qui se montraient impitoyables envers les pauvres ; il dit aux mauvais riches qu'il leur était impossible de gagner le ciel, et en faveur des esclaves et de tous les opprimés, il fit entendre ces admirables paroles : *Vos omnes fratres estis.*

Spectacle étrange et bien digne d'être observé.

C'est quand les philosophes spiritualistes, aimant Dieu, mais craignant certains de ses serviteurs, se glorifient, dans leurs écrits et dans leurs discours, de parler à la raison et au cœur de la foule, en lui apprenant à honorer le Créateur dans son œuvre même, œuvre d'harmonie, de prévoyance et de sollicitude, que certains ministres d'une religion de paix, de pardon et de charité, se posent en conservateurs des foudres vengeresses.

Est-ce un défi porté aux sentiments naturels et aux progrès de notre siècle ?

Il faut que ces vestales d'un autre sexe et d'un autre âge, pour la conservation du feu sacré de la colère de Jéhovah, en prennent leur parti. Ce feu s'est éteint dans les doux sentiments de l'Évangile, et leur souffle impuissant ne parviendra pas à le rallumer.

Assez de vaines menaces.

Prenons la vie au sérieux.

Si des malheureux périssent victimes d'un événement nécessaire ou causé par l'imprévoyance, n'insultons pas à leur mort en les jugeant au nom de Dieu.

Nous n'avons point ce droit.

Abstenons-nous surtout de nous ériger en prophètes; personne ne nous croirait, et la voix la plus sonore, en prononçant des oracles, sonnerait comme un tambour crevé.

Ayons le respect de la mort et celui des familles qui survivent aux morts.

Quel que soit l'habit dont nous sommes revêtu, soyons sobre d'anathèmes.

Vos bulles d'excommunication, mon doux Révérend, ne sont que des bulles de savon.

Encore un conseil.

Une autre fois, avant d'oser vous poser en favori des cieux, pour qui l'Éternel n'a rien de caché, avant de déclarer que les écuyers et les chanteurs d'opéra ont entraîné la perte d'un steamer avec un certain nombre de justes par la raison que les écuyers et les chanteurs d'opéra ne fréquentent pas suffisamment les temples ou les églises, relisez Fénelon, c'était un honnête homme :

« Les cérémonies extérieures ne sont que des marques du culte intérieur qui est tout l'essentiel. Ces cérémonies sont destinées à frapper l'homme grossier par les sens et à nourrir l'amour dans le fond du cœur. » (*Troisième lettre sur la religion.*)

Vous le voyez, mon doux Révérend, le *culte intérieur*, voilà l'essentiel ; or qui vous a dit que ces artistes, que vous n'avez jamais connus, dont vous n'aviez jamais entendu parler avant leur mort navrante, n'avaient pas le culte intérieur ?

Tenez, monsieur Charles Smith, vous me faites pitié.

Pour l'amour de Dieu, ne vous dites pas son *medium*.

Si un naufrage a lieu, un débordement, un incendie, un tremblement de terre, une famine, une peste ou toute autre calamité, efforcez-vous de secourir les personnes en danger, si vous vous trouvez sur le théâtre des événements : le dévouement est une vertu chrétienne, et dans bien des cas un devoir social ; mais si vous n'avez rien pu pour conjurer la mort des victimes, priez pour leur âme ; c'est tout ce que vous devez faire.

Dans aucun cas, que votre esprit malade n'aille

pas accommoder aux circonstances un Dieu de votre invention.

Craignez au moins le ridicule, et ne tombez pas sous cette accusation humoristique de Voltaire :

« Depuis que Dieu a fait l'homme à son image, l'homme le lui a bien rendu. »

Voltaire ! Voilà un homme qui valait à lui seul, pour la perte des bateaux, tout un cirque olympique et toute une troupe d'opéra !

S'il faut s'étonner d'une chose, c'est qu'il ne soit pas mort sur un navire.

Il est vrai qu'il n'a jamais navigué. C'est peut-être une raison.

Sur ce, mon doux Révérend, je me dis, avec tout le respect que je vous dois, n'étant ni écuyer ni chanteur d'opéra, votre très-humble et très-obéissant serviteur,

OSCAR COMETTANT.

Paris, 6 novembre 1866.

PARIS. — IMPRIMERIE L. POUPART-DAVYL, RUE DU BAC, 30